사경의 공덕

깨끗하고 맑은 마음으로 부처님의 원음(圓音)을 옮겨쓰는 불자는 이미 윤회의 고통을 벗어나 있습니다. 정성 다해 사경하는 이에게는 불보살님의 가피와 위신력이 있어 일체 모든 장애는 사라지고 기쁨이 늘 충만한 삶이 전개될 것입니다.

— 사경의 공덕이 탑을 조성하는 것보다 수승하다.(도행반야경 탑품)
— 만약 어떤 사람이 경전을 사경, 수지, 해설하면 대원을 성취한다.(법화경 법사공덕품)
— 무수한 세월 동안 물질로 보시한 공덕보다 경전을 사경, 수지, 독송하여 다른 이를 위해 해설한 공덕이 수승하다.(금강경 지경공덕분)

사경의 순서

1. 몸을 청정히 한다.
2. 부처님 사진 등을 모시고 향을 피운다.
3. 예불을 올린다.
4. 사경발원문을 독송한다.
5. 정성껏 사경에 들어간다.
6. 사경회향문을 읽고 부처님 전에 삼배한다.

광 명 진 언

옴 아모카 바이로차나 마하무드라 마니파드마 즈바라 프라바롤타야 훔

광명진언(光明眞言)은 29글자로 이루어진 매우 짧은 진언으로 영가 천도에 효과가 좋다.

'옴'은 부처님을 상징하는 말이며, **'아모카'**는 불공을 성취하신 부처님, **'바이로차나'**는 비로자나 부처님, **'마하무드라'**는 큰 도장[大印] 지니신 아촉 부처님, **'마니'**는 보석을 지니신 보생 부처님, **'파드마'**는 연꽃을 지니신 아미타 부처님을 상징한다. **'즈바라 프라바롤타야'**는 속히 중생을 구제하는 광명을 비춰주시라고 기원하는 말이고, **'훔'**은 '청정하게 해주소서'라고 기원하는 말이다. 이 광명진언은 밀교의 핵심 진언이기도 하며 부처님 지혜의 상징인 광명(빛)을 일체 중생과 나에게 속히 비춰주기를 기원하는 내용이다. 또 부처님의 한량없는 자비와 지혜의 힘으로 새로운 태어남을 얻게 하는 신령스러운 힘을 지니고 있다. 아무리 깊은 죄업과 짙은 어두움이 마음을 덮고 있을 지라도 부처님의 광명 속에 들어가면 저절로 맑아지고 깨어지게 된다는 것이 이 진언을 외워 영험을 얻는 원리이다.

일찍이 신라의 고승 원효대사는 그의 저서 〈유심안락도〉에서 이 진언의 공덕을 크게 강조하여 "만일 중생이 이 진언을 두 번이나 세 번, 또는 일곱 번을 귀로 듣기만 하여도 모든 죄업이 없어지게 된다."고 하였다. 또한 원효대사는 항상 가지고 다니던 바가지에 강변의 깨끗한 모래를 담아 광명진언을 108번 외운 다음 그 모래를 묘지나 시신 위에 뿌려 영가를 천도했다고 한다.

발 원 문

우러러 온 우주 법계에 충만하사 아니 계신 곳 없으시고
만유에 평등하사 자비의 구름으로 피어나신
부처님께 귀의 하나이다.
참다운 실상은 형상과 말을 여의었건만 감응하시는 원력은
삼천대천 세계를 두루 덮으시고 단비 같은 팔만사천 법문으로
온갖 번뇌 씻어주시며 자유자재하신 방편으로 고해 중생
건지시니 행하는 일 성취됨은 맑은 못의 달그림자 같사옵니다.
그러하옵기에, 이렇듯 저의 정성 모아 "광명진언 쓰기"
수행기도를 봉행하오니 이 공덕으로 신심 더욱 깊어지고 가정은
늘 평안하며 모든이들 부처님 세상에 들게 하여지이다.
관세음보살 관세음보살 관세음보살

* 필요에 따라 자기 가족의 축원을 구체적으로 하셔도 됩니다.

기도불자 ________________________ 합장

수행기도노트 **3**

광명진언 쓰기

도서출판
좋은인연

옴 아모카 바이로차나 마하무드라 마니파드마
스바라 프라바를타야 훔   옴 아모카 바이로차나
마하무드라 마니파드마 스바라 프라바를타야 훔
옴 아모카 바이로차나 마하무드라 마니파드마
스바라 프라바를타야 훔   옴 아모카 바이로차나
마하무드라 마니파드마 스바라 프라바를타야 훔
옴 아모카 바이로차나 마하무드라 마니파드마
스바라 프라바를타야 훔   옴 아모카 바이로차나
마하무드라 마니파드마 스바라 프라바를타야 훔
옴 아모카 바이로차나 마하무드라 마니파드마
스바라 프라바를타야 훔   옴 아모카 바이로차나
마하무드라 마니파드마 스바라 프라바를타야 훔
옴 아모카 바이로차나 마하무드라 마니파드마
스바라 프라바를타야 훔   옴 아모카 바이로차나
마하무드라 마니파드마 스바라 프라바를타야 훔
옴 아모카 바이로차나 마하무드라 마니파드마
스바라 프라바를타야 훔   옴 아모카 바이로차나
마하무드라 마니파드마 스바라 프라바를타야 훔
옴 아모카 바이로차나 마하무드라 마니파드마
스바라 프라바를타야 훔   옴 아모카 바이로차나
마하무드라 마니파드마 스바라 프라바를타야 훔
옴 아모카 바이로차나 마하무드라 마니파드마
스바라 프라바를타야 훔

옴 아모카 바이로차나 마하무드라 마니파드마
스바라 프라바를타야 훔 옴 아모카 바이로차나
마하무드라 마니파드마 스바라 프라바를타야 훔
옴 아모카 바이로차나 마하무드라 마니파드마
스바라 프라바를타야 훔 옴 아모카 바이로차나
마하무드라 마니파드마 스바라 프라바를타야 훔
옴 아모카 바이로차나 마하무드라 마니파드마
스바라 프라바를타야 훔 옴 아모카 바이로차나
마하무드라 마니파드마 스바라 프라바를타야 훔
옴 아모카 바이로차나 마하무드라 마니파드마
스바라 프라바를타야 훔 옴 아모카 바이로차나
마하무드라 마니파드마 스바라 프라바를타야 훔
옴 아모카 바이로차나 마하무드라 마니파드마
스바라 프라바를타야 훔 옴 아모카 바이로차나
마하무드라 마니파드마 스바라 프라바를타야 훔
옴 아모카 바이로차나 마하무드라 마니파드마
스바라 프라바를타야 훔 옴 아모카 바이로차나
마하무드라 마니파드마 스바라 프라바를타야 훔
옴 아모카 바이로차나 마하무드라 마니파드마
스바라 프라바를타야 훔 옴 아모카 바이로차나
마하무드라 마니파드마 스바라 프라바를타야 훔
옴 아모카 바이로차나 마하무드라 마니파드마
스바라 프라바를타야 훔

옴 아모카 바이로차나 마하무드라 마니파드마
즈바라 프라바를타야 훔 옴 아모카 바이로차나
마하무드라 마니파드마 즈바라 프라바를타야 훔
옴 아모카 바이로차나 마하무드라 마니파드마
즈바라 프라바를타야 훔 옴 아모카 바이로차나
마하무드라 마니파드마 즈바라 프라바를타야 훔
옴 아모카 바이로차나 마하무드라 마니파드마
즈바라 프라바를타야 훔 옴 아모카 바이로차나
마하무드라 마니파드마 즈바라 프라바를타야 훔
옴 아모카 바이로차나 마하무드라 마니파드마
즈바라 프라바를타야 훔 옴 아모카 바이로차나
마하무드라 마니파드마 즈바라 프라바를타야 훔
옴 아모카 바이로차나 마하무드라 마니파드마
즈바라 프라바를타야 훔 옴 아모카 바이로차나
마하무드라 마니파드마 즈바라 프라바를타야 훔
옴 아모카 바이로차나 마하무드라 마니파드마
즈바라 프라바를타야 훔 옴 아모카 바이로차나
마하무드라 마니파드마 즈바라 프라바를타야 훔
옴 아모카 바이로차나 마하무드라 마니파드마
즈바라 프라바를타야 훔

옴 아모카 바이로차나 마하무드라 마니파드마
스바라 프라바를타야 훔 옴 아모카 바이로차나
마하무드라 마니파드마 스바라 프라바를타야 훔
옴 아모카 바이로차나 마하무드라 마니파드마
스바라 프라바를타야 훔 옴 아모카 바이로차나
마하무드라 마니파드마 스바라 프라바를타야 훔
옴 아모카 바이로차나 마하무드라 마니파드마
스바라 프라바를타야 훔 옴 아모카 바이로차나
마하무드라 마니파드마 스바라 프라바를타야 훔
옴 아모카 바이로차나 마하무드라 마니파드마
스바라 프라바를타야 훔 옴 아모카 바이로차나
마하무드라 마니파드마 스바라 프라바를타야 훔
옴 아모카 바이로차나 마하무드라 마니파드마
스바라 프라바를타야 훔 옴 아모카 바이로차나
마하무드라 마니파드마 스바라 프라바를타야 훔
옴 아모카 바이로차나 마하무드라 마니파드마
스바라 프라바를타야 훔 옴 아모카 바이로차나
마하무드라 마니파드마 스바라 프라바를타야 훔
옴 아모카 바이로차나 마하무드라 마니파드마
스바라 프라바를타야 훔 옴 아모카 바이로차나
마하무드라 마니파드마 스바라 프라바를타야 훔
옴 아모카 바이로차나 마하무드라 마니파드마
스바라 프라바를타야 훔

옴 아모카 바이로차나 마하무드라 마니파드마
스바라 프라바를타야 훔 옴 아모카 바이로차나
마하무드라 마니파드마 스바라 프라바를타야 훔
옴 아모카 바이로차나 마하무드라 마니파드마
스바라 프라바를타야 훔 옴 아모카 바이로차나
마하무드라 마니파드마 스바라 프라바를타야 훔
옴 아모카 바이로차나 마하무드라 마니파드마
스바라 프라바를타야 훔 옴 아모카 바이로차나
마하무드라 마니파드마 스바라 프라바를타야 훔
옴 아모카 바이로차나 마하무드라 마니파드마
스바라 프라바를타야 훔 옴 아모카 바이로차나
마하무드라 마니파드마 스바라 프라바를타야 훔
옴 아모카 바이로차나 마하무드라 마니파드마
스바라 프라바를타야 훔 옴 아모카 바이로차나
마하무드라 마니파드마 스바라 프라바를타야 훔
옴 아모카 바이로차나 마하무드라 마니파드마
스바라 프라바를타야 훔 옴 아모카 바이로차나
마하무드라 마니파드마 스바라 프라바를타야 훔
옴 아모카 바이로차나 마하무드라 마니파드마
스바라 프라바를타야 훔

옴 아모카 바이로차나 마하무드라 마니파드마
스바라 프라바를타야 훔   옴 아모카 바이 로차나
마하무드라 마니파드마 스바라 프라바를타야 훔
옴 아모카 바이 로차나 마하무드라 마니파드마
스바라 프라바를타야 훔   옴 아모카 바이 로차나
마하무드라 마니파드마 스바라 프라바를타야 훔
옴 아모카 바이 로차나 마하무드라 마니파드마
스바라 프라바를타야 훔   옴 아모카 바이 로차나
마하무드라 마니파드마 스바라 프라바를타야 훔
옴 아모카 바이 로차나 마하무드라 마니파드마
스바라 프라바를타야 훔   옴 아모카 바이 로차나
마하무드라 마니파드마 스바라 프라바를타야 훔
옴 아모카 바이 로차나 마하무드라 마니파드마
스바라 프라바를타야 훔   옴 아모카 바이 로차나
마하무드라 마니파드마 스바라 프라바를타야 훔
옴 아모카 바이 로차나 마하무드라 마니파드마
스바라 프라바를타야 훔   옴 아모카 바이 로차나
마하무드라 마니파드마 스바라 프라바를타야 훔
옴 아모카 바이 로차나 마하무드라 마니파드마
스바라 프라바를타야 훔   옴 아모카 바이로차나
마하무드라 마니파드마 스바라 프라바를타야 훔
옴 아모카 바이 로차나 마하무드라 마니파드마
스바라 프라바를타야 훔

옴 아모카 바이로차나 마하무드라 마니파드마
스바라 프라바를타야 훔 옴 아모카 바이로차나
마하무드라 마니파드마 스바라 프라바를타야 훔
옴 아모카 바이로차나 마하무드라 마니파드마
스바라 프라바를타야 훔 옴 아모카 바이로차나
마하무드라 마니파드마 스바라 프라바를타야 훔
옴 아모카 바이로차나 마하무드라 마니파드마
스바라 프라바를타야 훔 옴 아모카 바이로차나
마하무드라 마니파드마 스바라 프라바를타야 훔
옴 아모카 바이로차나 마하무드라 마니파드마
스바라 프라바를타야 훔 옴 아모카 바이로차나
마하무드라 마니파드마 스바라 프라바를타야 훔
옴 아모카 바이로차나 마하무드라 마니파드마
스바라 프라바를타야 훔 옴 아모카 바이로차나
마하무드라 마니파드마 스바라 프라바를타야 훔
옴 아모카 바이로차나 마하무드라 마니파드마
스바라 프라바를타야 훔 옴 아모카 바이로차나
마하무드라 마니파드마 스바라 프라바를타야 훔
옴 아모카 바이로차나 마하무드라 마니파드마
스바라 프라바를타야 훔

옴 아모카 바이로차나 마하무드라 마니파드마
스바라 프라바를타야 훔 옴 아모카 바이로차나
마하무드라 마니파드마 스바라 프라바를타야 훔
옴 아모카 바이로차나 마하무드라 마니파드마
스바라 프라바를타야 훔 옴 아모카 바이로차나
마하무드라 마니파드마 스바라 프라바를타야 훔
옴 아모카 바이로차나 마하무드라 마니파드마
스바라 프라바를타야 훔 옴 아모카 바이로차나
마하무드라 마니파드마 스바라 프라바를타야 훔
옴 아모카 바이로차나 마하무드라 마니파드마
스바라 프라바를타야 훔 옴 아모카 바이로차나
마하무드라 마니파드마 스바라 프라바를타야 훔
옴 아모카 바이로차나 마하무드라 마니파드마
스바라 프라바를타야 훔 옴 아모카 바이로차나
마하무드라 마니파드마 스바라 프라바를타야 훔
옴 아모카 바이로차나 마하무드라 마니파드마
스바라 프라바를타야 훔 옴 아모카 바이로차나
마하무드라 마니파드마 스바라 프라바를타야 훔
옴 아모카 바이로차나 마하무드라 마니파드마
스바라 프라바를타야 훔

옴 아모카 바이로차나 마하무드라 마니파드마
스바라 프라바를타야 훔 옴 아모카 바이로차나
마하무드라 마니파드마 스바라 프라바를타야 훔
옴 아모카 바이로차나 마하무드라 마니파드마
스바라 프라바를타야 훔 옴 아모카 바이로차나
마하무드라 마니파드마 스바라 프라바를타야 훔
옴 아모카 바이로차나 마하무드라 마니파드마
스바라 프라바를타야 훔 옴 아모카 바이로차나
마하무드라 마니파드마 스바라 프라바를타야 훔
옴 아모카 바이로차나 마하무드라 마니파드마
스바라 프라바를타야 훔 옴 아모카 바이로차나
마하무드라 마니파드마 스바라 프라바를타야 훔
옴 아모카 바이로차나 마하무드라 마니파드마
스바라 프라바를타야 훔 옴 아모카 바이로차나
마하무드라 마니파드마 스바라 프라바를타야 훔
옴 아모카 바이로차나 마하무드라 마니파드마
스바라 프라바를타야 훔 옴 아모카 바이로차나
마하무드라 마니파드마 스바라 프라바를타야 훔
옴 아모카 바이로차나 마하무드라 마니파드마
스바라 프라바를타야 훔 옴 아모카 바이로차나
마하무드라 마니파드마 스바라 프라바를타야 훔
옴 아모카 바이로차나 마하무드라 마니파드마
스바라 프라바를타야 훔

옴 아모카 바이로차나 마하무드라 마니파드마
스바라 프라바를타야 훔   옴 아모카 바이로차나
마하무드라 마니파드마 스바라 프라바를타야 훔
옴 아모카 바이로차나 마하무드라 마니파드마
스바라 프라바를타야 훔   옴 아모카 바이로차나
마하무드라 마니파드마 스바라 프라바를타야 훔
옴 아모카 바이로차나 마하무드라 마니파드마
스바라 프라바를타야 훔   옴 아모카 바이로차나
마하무드라 마니파드마 스바라 프라바를타야 훔
옴 아모카 바이로차나 마하무드라 마니파드마
스바라 프라바를타야 훔   옴 아모카 바이로차나
마하무드라 마니파드마 스바라 프라바를타야 훔
옴 아모카 바이로차나 마하무드라 마니파드마
스바라 프라바를타야 훔   옴 아모카 바이로차나
마하무드라 마니파드마 스바라 프라바를타야 훔
옴 아모카 바이로차나 마하무드라 마니파드마
스바라 프라바를타야 훔   옴 아모카 바이로차나
마하무드라 마니파드마 스바라 프라바를타야 훔
옴 아모카 바이로차나 마하무드라 마니파드마
스바라 프라바를타야 훔   옴 아모카 바이로차나
마하무드라 마니파드마 스바라 프라바를타야 훔
옴 아모카 바이로차나 마하무드라 마니파드마
스바라 프라바를타야 훔

옴 아모카 바이로차나 마하무드라 마니파드마
스바라 프라바를타야 훔 옴 아모카 바이로차나
마하무드라 마니파드마 스바라 프라바를타야 훔
옴 아모카 바이로차나 마하무드라 마니파드마
스바라 프라바를타야 훔 옴 아모카 바이로차나
마하무드라 마니파드마 스바라 프라바를타야 훔
옴 아모카 바이로차나 마하무드라 마니파드마
스바라 프라바를타야 훔 옴 아모카 바이로차나
마하무드라 마니파드마 스바라 프라바를타야 훔
옴 아모카 바이로차나 마하무드라 마니파드마
스바라 프라바를타야 훔 옴 아모카 바이로차나
마하무드라 마니파드마 스바라 프라바를타야 훔
옴 아모카 바이로차나 마하무드라 마니파드마
스바라 프라바를타야 훔 옴 아모카 바이로차나
마하무드라 마니파드마 스바라 프라바를타야 훔
옴 아모카 바이로차나 마하무드라 마니파드마
스바라 프라바를타야 훔 옴 아모카 바이로차나
마하무드라 마니파드마 스바라 프라바를타야 훔
옴 아모카 바이로차나 마하무드라 마니파드마
스바라 프라바를타야 훔 옴 아모카 바이로차나
마하무드라 마니파드마 스바라 프라바를타야 훔
옴 아모카 바이로차나 마하무드라 마니파드마
스바라 프라바를타야 훔

옴 아모카 바이로차나 마하무드라 마니파드마
스바라 프라바를타야 훔   옴 아모카 바이로차나
마하무드라 마니파드마 스바라 프라바를타야 훔
옴 아모카 바이로차나 마하무드라 마니파드마
스바라 프라바를타야 훔   옴 아모카 바이로차나
마하무드라 마니파드마 스바라 프라바를타야 훔
옴 아모카 바이로차나 마하무드라 마니파드마
스바라 프라바를타야 훔   옴 아모카 바이로차나
마하무드라 마니파드마 스바라 프라바를타야 훔
옴 아모카 바이로차나 마하무드라 마니파드마
스바라 프라바를타야 훔   옴 아모카 바이로차나
마하무드라 마니파드마 스바라 프라바를타야 훔
옴 아모카 바이로차나 마하무드라 마니파드마
스바라 프라바를타야 훔   옴 아모카 바이로차나
마하무드라 마니파드마 스바라 프라바를타야 훔
옴 아모카 바이로차나 마하무드라 마니파드마
스바라 프라바를타야 훔   옴 아모카 바이로차나
마하무드라 마니파드마 스바라 프라바를타야 훔
옴 아모카 바이로차나 마하무드라 마니파드마
스바라 프라바를타야 훔

옴 아모카 바이로차나 마하무드라 마니파드마 스바라 프라바를타야 훔 옴 아모카 바이로차나 마하무드라 마니파드마 스바라 프라바를타야 훔 옴 아모카 바이로차나 마하무드라 마니파드마 스바라 프라바를타야 훔 옴 아모카 바이로차나 마하무드라 마니파드마 스바라 프라바를타야 훔 옴 아모카 바이로차나 마하무드라 마니파드마 스바라 프라바를타야 훔 옴 아모카 바이로차나 마하무드라 마니파드마 스바라 프라바를타야 훔 옴 아모카 바이로차나 마하무드라 마니파드마 스바라 프라바를타야 훔 옴 아모카 바이로차나 마하무드라 마니파드마 스바라 프라바를타야 훔 옴 아모카 바이로차나 마하무드라 마니파드마 스바라 프라바를타야 훔 옴 아모카 바이로차나 마하무드라 마니파드마 스바라 프라바를타야 훔 옴 아모카 바이로차나 마하무드라 마니파드마 스바라 프라바를타야 훔 옴 아모카 바이로차나 마하무드라 마니파드마 스바라 프라바를타야 훔 옴 아모카 바이로차나 마하무드라 마니파드마 스바라 프라바를타야 훔

옴 아모카 바이로차나 마하무드라 마니파드마
스바라 프라바를타야 훔 옴 아모카 바이로차나
마하무드라 마니파드마 스바라 프라바를타야 훔
옴 아모카 바이로차나 마하무드라 마니파드마
스바라 프라바를타야 훔 옴 아모카 바이로차나
마하무드라 마니파드마 스바라 프라바를타야 훔
옴 아모카 바이로차나 마하무드라 마니파드마
스바라 프라바를타야 훔 옴 아모카 바이로차나
마하무드라 마니파드마 스바라 프라바를타야 훔
옴 아모카 바이로차나 마하무드라 마니파드마
스바라 프라바를타야 훔 옴 아모카 바이로차나
마하무드라 마니파드마 스바라 프라바를타야 훔
옴 아모카 바이로차나 마하무드라 마니파드마
스바라 프라바를타야 훔 옴 아모카 바이로차나
마하무드라 마니파드마 스바라 프라바를타야 훔
옴 아모카 바이로차나 마하무드라 마니파드마
스바라 프라바를타야 훔 옴 아모카 바이로차나
마하무드라 마니파드마 스바라 프라바를타야 훔
옴 아모카 바이로차나 마하무드라 마니파드마
스바라 프라바를타야 훔 옴 아모카 바이로차나
마하무드라 마니파드마 스바라 프라바를타야 훔
옴 아모카 바이로차나 마하무드라 마니파드마
스바라 프라바를타야 훔

옴 아모카 바이로차나 마하무드라 마니파드마 스바라 프라바를타야 훔 옴 아모카 바이로차나 마하무드라 마니파드마 스바라 프라바를타야 훔 옴 아모카 바이로차나 마하무드라 마니파드마 스바라 프라바를타야 훔 옴 아모카 바이로차나 마하무드라 마니파드마 스바라 프라바를타야 훔 옴 아모카 바이로차나 마하무드라 마니파드마 스바라 프라바를타야 훔 옴 아모카 바이로차나 마하무드라 마니파드마 스바라 프라바를타야 훔 옴 아모카 바이로차나 마하무드라 마니파드마 스바라 프라바를타야 훔 옴 아모카 바이로차나 마하무드라 마니파드마 스바라 프라바를타야 훔 옴 아모카 바이로차나 마하무드라 마니파드마 스바라 프라바를타야 훔 옴 아모카 바이로차나 마하무드라 마니파드마 스바라 프라바를타야 훔 옴 아모카 바이로차나 마하무드라 마니파드마 스바라 프라바를타야 훔 옴 아모카 바이로차나 마하무드라 마니파드마 스바라 프라바를타야 훔

옴 아모카 바이로차나 마하무드라 마니파드마
스바라 프라바를타야 훔 옴 아모카 바이로차나
마하무드라 마니파드마 스바라 프라바를타야 훔
옴 아모카 바이로차나 마하무드라 마니파드마
스바라 프라바를타야 훔 옴 아모카 바이로차나
마하무드라 마니파드마 스바라 프라바를타야 훔
옴 아모카 바이로차나 마하무드라 마니파드마
스바라 프라바를타야 훔 옴 아모카 바이로차나
마하무드라 마니파드마 스바라 프라바를타야 훔
옴 아모카 바이로차나 마하무드라 마니파드마
스바라 프라바를타야 훔 옴 아모카 바이로차나
마하무드라 마니파드마 스바라 프라바를타야 훔
옴 아모카 바이로차나 마하무드라 마니파드마
스바라 프라바를타야 훔 옴 아모카 바이로차나
마하무드라 마니파드마 스바라 프라바를타야 훔
옴 아모카 바이로차나 마하무드라 마니파드마
스바라 프라바를타야 훔 옴 아모카 바이로차나
마하무드라 마니파드마 스바라 프라바를타야 훔
옴 아모카 바이로차나 마하무드라 마니파드마
스바라 프라바를타야 훔 옴 아모카 바이로차나
마하무드라 마니파드마 스바라 프라바를타야 훔
옴 아모카 바이로차나 마하무드라 마니파드마
스바라 프라바를타야 훔

옴 아모카 바이로차나 마하무드라 마니파드마
스바라 프라바를타야 훔 옴 아모카 바이로차나
마하무드라 마니파드마 스바라 프라바를타야 훔
옴 아모카 바이로차나 마하무드라 마니파드마
스바라 프라바를타야 훔 옴 아모카 바이로차나
마하무드라 마니파드마 스바라 프라바를타야 훔
옴 아모카 바이로차나 마하무드라 마니파드마
스바라 프라바를타야 훔 옴 아모카 바이로차나
마하무드라 마니파드마 스바라 프라바를타야 훔
옴 아모카 바이로차나 마하무드라 마니파드마
스바라 프라바를타야 훔 옴 아모카 바이로차나
마하무드라 마니파드마 스바라 프라바를타야 훔
옴 아모카 바이로차나 마하무드라 마니파드마
스바라 프라바를타야 훔 옴 아모카 바이로차나
마하무드라 마니파드마 스바라 프라바를타야 훔
옴 아모카 바이로차나 마하무드라 마니파드마
스바라 프라바를타야 훔 옴 아모카 바이로차나
마하무드라 마니파드마 스바라 프라바를타야 훔
옴 아모카 바이로차나 마하무드라 마니파드마
스바라 프라바를타야 훔

옴 아모카 바이로차나 마하무드라 마니파드마
스바라 프라바를타야 훔 옴 아모카 바이로차나
마하무드라 마니파드마 스바라 프라바를타야 훔
옴 아모카 바이로차나 마하무드라 마니파드마
스바라 프라바를타야 훔 옴 아모카 바이로차나
마하무드라 마니파드마 스바라 프라바를타야 훔
옴 아모카 바이로차나 마하무드라 마니파드마
스바라 프라바를타야 훔 옴 아모카 바이로차나
마하무드라 마니파드마 스바라 프라바를타야 훔
옴 아모카 바이로차나 마하무드라 마니파드마
스바라 프라바를타야 훔 옴 아모카 바이로차나
마하무드라 마니파드마 스바라 프라바를타야 훔
옴 아모카 바이로차나 마하무드라 마니파드마
스바라 프라바를타야 훔 옴 아모카 바이로차나
마하무드라 마니파드마 스바라 프라바를타야 훔
옴 아모카 바이로차나 마하무드라 마니파드마
스바라 프라바를타야 훔 옴 아모카 바이로차나
마하무드라 마니파드마 스바라 프라바를타야 훔
옴 아모카 바이로차나 마하무드라 마니파드마
스바라 프라바를타야 훔 옴 아모카 바이로차나
마하무드라 마니파드마 스바라 프라바를타야 훔
옴 아모카 바이로차나 마하무드라 마니파드마
스바라 프라바를타야 훔

옴 아모카 바이로차나 마하무드라 마니파드마 스바라 프라바를타야 훔 옴 아모카 바이로차나 마하무드라 마니파드마 스바라 프라바를타야 훔 옴 아모카 바이로차나 마하무드라 마니파드마 스바라 프라바를타야 훔 옴 아모카 바이로차나 마하무드라 마니파드마 스바라 프라바를타야 훔 옴 아모카 바이로차나 마하무드라 마니파드마 스바라 프라바를타야 훔 옴 아모카 바이로차나 마하무드라 마니파드마 스바라 프라바를타야 훔 옴 아모카 바이로차나 마하무드라 마니파드마 스바라 프라바를타야 훔 옴 아모카 바이로차나 마하무드라 마니파드마 스바라 프라바를타야 훔 옴 아모카 바이로차나 마하무드라 마니파드마 스바라 프라바를타야 훔 옴 아모카 바이로차나 마하무드라 마니파드마 스바라 프라바를타야 훔 옴 아모카 바이로차나 마하무드라 마니파드마 스바라 프라바를타야 훔

옴 아모카 바이로차나 마하무드라 마니파드마
스바라 프라바를타야 훔 옴 아모카 바이로차나
마하무드라 마니파드마 스바라 프라바를타야 훔
옴 아모카 바이로차나 마하무드라 마니파드마
스바라 프라바를타야 훔 옴 아모카 바이로차나
마하무드라 마니파드마 스바라 프라바를타야 훔
옴 아모카 바이로차나 마하무드라 마니파드마
스바라 프라바를타야 훔 옴 아모카 바이로차나
마하무드라 마니파드마 스바라 프라바를타야 훔
옴 아모카 바이로차나 마하무드라 마니파드마
스바라 프라바를타야 훔 옴 아모카 바이로차나
마하무드라 마니파드마 스바라 프라바를타야 훔
옴 아모카 바이로차나 마하무드라 마니파드마
스바라 프라바를타야 훔 옴 아모카 바이로차나
마하무드라 마니파드마 스바라 프라바를타야 훔
옴 아모카 바이로차나 마하무드라 마니파드마
스바라 프라바를타야 훔 옴 아모카 바이로차나
마하무드라 마니파드마 스바라 프라바를타야 훔
옴 아모카 바이로차나 마하무드라 마니파드마
스바라 프라바를타야 훔

옴 아모카 바이로차나 마하무드라 마니파드마
스바라 프라바를타야 훔 옴 아모카 바이로차나
마하무드라 마니파드마 스바라 프라바를타야 훔
옴 아모카 바이로차나 마하무드라 마니파드마
스바라 프라바를타야 훔 옴 아모카 바이로차나
마하무드라 마니파드마 스바라 프라바를타야 훔
옴 아모카 바이로차나 마하무드라 마니파드마
스바라 프라바를타야 훔 옴 아모카 바이로차나
마하무드라 마니파드마 스바라 프라바를타야 훔
옴 아모카 바이로차나 마하무드라 마니파드마
스바라 프라바를타야 훔 옴 아모카 바이로차나
마하무드라 마니파드마 스바라 프라바를타야 훔
옴 아모카 바이로차나 마하무드라 마니파드마
스바라 프라바를타야 훔 옴 아모카 바이로차나
마하무드라 마니파드마 스바라 프라바를타야 훔
옴 아모카 바이로차나 마하무드라 마니파드마
스바라 프라바를타야 훔 옴 아모카 바이로차나
마하무드라 마니파드마 스바라 프라바를타야 훔
옴 아모카 바이로차나 마하무드라 마니파드마
스바라 프라바를타야 훔 옴 아모카 바이로차나
마하무드라 마니파드마 스바라 프라바를타야 훔
옴 아모카 바이로차나 마하무드라 마니파드마
스바라 프라바를타야 훔

옴 아모카 바이로차나 마하무드라 마니파드마
스바라 프라바를타야 훔 옴 아모카 바이로차나
마하무드라 마니파드마 스바라 프라바를타야 훔
옴 아모카 바이로차나 마하무드라 마니파드마
스바라 프라바를타야 훔 옴 아모카 바이로차나
마하무드라 마니파드마 스바라 프라바를타야 훔
옴 아모카 바이로차나 마하무드라 마니파드마
스바라 프라바를타야 훔 옴 아모카 바이로차나
마하무드라 마니파드마 스바라 프라바를타야 훔
옴 아모카 바이로차나 마하무드라 마니파드마
스바라 프라바를타야 훔 옴 아모카 바이로차나
마하무드라 마니파드마 스바라 프라바를타야 훔
옴 아모카 바이로차나 마하무드라 마니파드마
스바라 프라바를타야 훔 옴 아모카 바이로차나
마하무드라 마니파드마 스바라 프라바를타야 훔
옴 아모카 바이로차나 마하무드라 마니파드마
스바라 프라바를타야 훔 옴 아모카 바이로차나
마하무드라 마니파드마 스바라 프라바를타야 훔
옴 아모카 바이로차나 마하무드라 마니파드마
스바라 프라바를타야 훔 옴 아모카 바이로차나
마하무드라 마니파드마 스바라 프라바를타야 훔
옴 아모카 바이로차나 마하무드라 마니파드마
스바라 프라바를타야 훔

옴 아모카 바이로차나 마하무드라 마니파드마
스바라 프라바를타야 훔   옴 아모카 바이로차나
마하무드라 마니파드마 스바라 프라바를타야 훔
옴 아모카 바이로차나 마하무드라 마니파드마
스바라 프라바를타야 훔   옴 아모카 바이로차나
마하무드라 마니파드마 스바라 프라바를타야 훔
옴 아모카 바이로차나 마하무드라 마니파드마
스바라 프라바를타야 훔   옴 아모카 바이로차나
마하무드라 마니파드마 스바라 프라바를타야 훔
옴 아모카 바이로차나 마하무드라 마니파드마
스바라 프라바를타야 훔   옴 아모카 바이로차나
마하무드라 마니파드마 스바라 프라바를타야 훔
옴 아모카 바이로차나 마하무드라 마니파드마
스바라 프라바를타야 훔   옴 아모카 바이로차나
마하무드라 마니파드마 스바라 프라바를타야 훔
옴 아모카 바이로차나 마하무드라 마니파드마
스바라 프라바를타야 훔   옴 아모카 바이로차나
마하무드라 마니파드마 스바라 프라바를타야 훔
옴 아모카 바이로차나 마하무드라 마니파드마
스바라 프라바를타야 훔   옴 아모카 바이로차나
마하무드라 마니파드마 스바라 프라바를타야 훔
옴 아모카 바이로차나 마하무드라 마니파드마
스바라 프라바를타야 훔

옴 아모카 바이로차나 마하무드라 마니파드마
스바라 프라바를타야 훔 옴 아모카 바이로차나
마하무드라 마니파드마 스바라 프라바를타야 훔
옴 아모카 바이로차나 마하무드라 마니파드마
스바라 프라바를타야 훔 옴 아모카 바이로차나
마하무드라 마니파드마 스바라 프라바를타야 훔
옴 아모카 바이로차나 마하무드라 마니파드마
스바라 프라바를타야 훔 옴 아모카 바이로차나
마하무드라 마니파드마 스바라 프라바를타야 훔
옴 아모카 바이로차나 마하무드라 마니파드마
스바라 프라바를타야 훔 옴 아모카 바이로차나
마하무드라 마니파드마 스바라 프라바를타야 훔
옴 아모카 바이로차나 마하무드라 마니파드마
스바라 프라바를타야 훔 옴 아모카 바이로차나
마하무드라 마니파드마 스바라 프라바를타야 훔
옴 아모카 바이로차나 마하무드라 마니파드마
스바라 프라바를타야 훔 옴 아모카 바이로차나
마하무드라 마니파드마 스바라 프라바를타야 훔
옴 아모카 바이로차나 마하무드라 마니파드마
스바라 프라바를타야 훔

옴 아모카 바이로차나 마하무드라 마니파드마
스바라 프라바를타야 훔 옴 아모카 바이로차나
마하무드라 마니파드마 스바라 프라바를타야 훔
옴 아모카 바이로차나 마하무드라 마니파드마
스바라 프라바를타야 훔 옴 아모카 바이로차나
마하무드라 마니파드마 스바라 프라바를타야 훔
옴 아모카 바이로차나 마하무드라 마니파드마
스바라 프라바를타야 훔 옴 아모카 바이로차나
마하무드라 마니파드마 스바라 프라바를타야 훔
옴 아모카 바이로차나 마하무드라 마니파드마
스바라 프라바를타야 훔 옴 아모카 바이로차나
마하무드라 마니파드마 스바라 프라바를타야 훔
옴 아모카 바이로차나 마하무드라 마니파드마
스바라 프라바를타야 훔 옴 아모카 바이로차나
마하무드라 마니파드마 스바라 프라바를타야 훔
옴 아모카 바이로차나 마하무드라 마니파드마
스바라 프라바를타야 훔 옴 아모카 바이로차나
마하무드라 마니파드마 스바라 프라바를타야 훔
옴 아모카 바이로차나 마하무드라 마니파드마
스바라 프라바를타야 훔

옴 아모카 바이로차나 마하무드라 마니파드마
스바라 프라바를타야 훔 옴 아모카 바이로차나
마하무드라 마니파드마 스바라 프라바를타야 훔
옴 아모카 바이로차나 마하무드라 마니파드마
스바라 프라바를타야 훔 옴 아모카 바이로차나
마하무드라 마니파드마 스바라 프라바를타야 훔
옴 아모카 바이로차나 마하무드라 마니파드마
스바라 프라바를타야 훔 옴 아모카 바이로차나
마하무드라 마니파드마 스바라 프라바를타야 훔
옴 아모카 바이로차나 마하무드라 마니파드마
스바라 프라바를타야 훔 옴 아모카 바이로차나
마하무드라 마니파드마 스바라 프라바를타야 훔
옴 아모카 바이로차나 마하무드라 마니파드마
스바라 프라바를타야 훔 옴 아모카 바이로차나
마하무드라 마니파드마 스바라 프라바를타야 훔
옴 아모카 바이로차나 마하무드라 마니파드마
스바라 프라바를타야 훔 옴 아모카 바이로차나
마하무드라 마니파드마 스바라 프라바를타야 훔
옴 아모카 바이로차나 마하무드라 마니파드마
스바라 프라바를타야 훔

옴 아모카 바이로차나 마하무드라 마니파드마
스바라 프라바를타야 훔 옴 아모카 바이로차나
마하무드라 마니파드마 스바라 프라바를타야 훔
옴 아모카 바이로차나 마하무드라 마니파드마
스바라 프라바를타야 훔 옴 아모카 바이로차나
마하무드라 마니파드마 스바라 프라바를타야 훔
옴 아모카 바이로차나 마하무드라 마니파드마
스바라 프라바를타야 훔 옴 아모카 바이로차나
마하무드라 마니파드마 스바라 프라바를타야 훔
옴 아모카 바이로차나 마하무드라 마니파드마
스바라 프라바를타야 훔 옴 아모카 바이로차나
마하무드라 마니파드마 스바라 프라바를타야 훔
옴 아모카 바이로차나 마하무드라 마니파드마
스바라 프라바를타야 훔 옴 아모카 바이로차나
마하무드라 마니파드마 스바라 프라바를타야 훔
옴 아모카 바이로차나 마하무드라 마니파드마
스바라 프라바를타야 훔 옴 아모카 바이로차나
마하무드라 마니파드마 스바라 프라바를타야 훔
옴 아모카 바이로차나 마하무드라 마니파드마
스바라 프라바를타야 훔 옴 아모카 바이로차나
마하무드라 마니파드마 스바라 프라바를타야 훔
옴 아모카 바이로차나 마하무드라 마니파드마
스바라 프라바를타야 훔

옴 아모카 바이로차나 마하무드라 마니파드마
스바라 프라바를타야 훔   옴 아모카 바이로차나
마하무드라 마니파드마 스바라 프라바를타야 훔
옴 아모카 바이로차나 마하무드라 마니파드마
스바라 프라바를타야 훔   옴 아모카 바이로차나
마하무드라 마니파드마 스바라 프라바를타야 훔
옴 아모카 바이로차나 마하무드라 마니파드마
스바라 프라바를타야 훔   옴 아모카 바이로차나
마하무드라 마니파드마 스바라 프라바를타야 훔
옴 아모카 바이로차나 마하무드라 마니파드마
스바라 프라바를타야 훔   옴 아모카 바이로차나
마하무드라 마니파드마 스바라 프라바를타야 훔
옴 아모카 바이로차나 마하무드라 마니파드마
스바라 프라바를타야 훔   옴 아모카 바이로차나
마하무드라 마니파드마 스바라 프라바를타야 훔
옴 아모카 바이로차나 마하무드라 마니파드마
스바라 프라바를타야 훔   옴 아모카 바이로차나
마하무드라 마니파드마 스바라 프라바를타야 훔
옴 아모카 바이로차나 마하무드라 마니파드마
스바라 프라바를타야 훔

옴 아모카 바이로차나 마하무드라 마니파드마
스바라 프라바를타야 훔 옴 아모카 바이로차나
마하무드라 마니파드마 스바라 프라바를타야 훔
옴 아모카 바이로차나 마하무드라 마니파드마
스바라 프라바를타야 훔 옴 아모카 바이로차나
마하무드라 마니파드마 스바라 프라바를타야 훔
옴 아모카 바이로차나 마하무드라 마니파드마
스바라 프라바를타야 훔 옴 아모카 바이로차나
마하무드라 마니파드마 스바라 프라바를타야 훔
옴 아모카 바이로차나 마하무드라 마니파드마
스바라 프라바를타야 훔 옴 아모카 바이로차나
마하무드라 마니파드마 스바라 프라바를타야 훔
옴 아모카 바이로차나 마하무드라 마니파드마
스바라 프라바를타야 훔 옴 아모카 바이로차나
마하무드라 마니파드마 스바라 프라바를타야 훔
옴 아모카 바이로차나 마하무드라 마니파드마
스바라 프라바를타야 훔 옴 아모카 바이로차나
마하무드라 마니파드마 스바라 프라바를타야 훔
옴 아모카 바이로차나 마하무드라 마니파드마
스바라 프라바를타야 훔 옴 아모카 바이로차나
마하무드라 마니파드마 스바라 프라바를타야 훔
옴 아모카 바이로차나 마하무드라 마니파드마
스바라 프라바를타야 훔

옴 아모카 바이로차나 마하무드라 마니파드마
스바라 프라바를타야 훔 옴 아모카 바이로차나
마하무드라 마니파드마 스바라 프라바를타야 훔
옴 아모카 바이로차나 마하무드라 마니파드마
스바라 프라바를타야 훔 옴 아모카 바이로차나
마하무드라 마니파드마 스바라 프라바를타야 훔
옴 아모카 바이로차나 마하무드라 마니파드마
스바라 프라바를타야 훔 옴 아모카 바이로차나
마하무드라 마니파드마 스바라 프라바를타야 훔
옴 아모카 바이로차나 마하무드라 마니파드마
스바라 프라바를타야 훔 옴 아모카 바이로차나
마하무드라 마니파드마 스바라 프라바를타야 훔
옴 아모카 바이로차나 마하무드라 마니파드마
스바라 프라바를타야 훔 옴 아모카 바이로차나
마하무드라 마니파드마 스바라 프라바를타야 훔
옴 아모카 바이로차나 마하무드라 마니파드마
스바라 프라바를타야 훔 옴 아모카 바이로차나
마하무드라 마니파드마 스바라 프라바를타야 훔
옴 아모카 바이로차나 마하무드라 마니파드마
스바라 프라바를타야 훔 옴 아모카 바이로차나
마하무드라 마니파드마 스바라 프라바를타야 훔
옴 아모카 바이로차나 마하무드라 마니파드마
스바라 프라바를타야 훔

옴 아모카 바이로차나 마하무드라 마니파드마
스바라 프라바를타야 훔 옴 아모카 바이로차나
마하무드라 마니파드마 스바라 프라바를타야 훔
옴 아모카 바이로차나 마하무드라 마니파드마
스바라 프라바를타야 훔 옴 아모카 바이로차나
마하무드라 마니파드마 스바라 프라바를타야 훔
옴 아모카 바이로차나 마하무드라 마니파드마
스바라 프라바를타야 훔 옴 아모카 바이로차나
마하무드라 마니파드마 스바라 프라바를타야 훔
옴 아모카 바이로차나 마하무드라 마니파드마
스바라 프라바를타야 훔 옴 아모카 바이로차나
마하무드라 마니파드마 스바라 프라바를타야 훔
옴 아모카 바이로차나 마하무드라 마니파드마
스바라 프라바를타야 훔 옴 아모카 바이로차나
마하무드라 마니파드마 스바라 프라바를타야 훔
옴 아모카 바이로차나 마하무드라 마니파드마
스바라 프라바를타야 훔 옴 아모카 바이로차나
마하무드라 마니파드마 스바라 프라바를타야 훔
옴 아모카 바이로차나 마하무드라 마니파드마
스바라 프라바를타야 훔 옴 아모카 바이로차나
마하무드라 마니파드마 스바라 프라바를타야 훔
옴 아모카 바이로차나 마하무드라 마니파드마
스바라 프라바를타야 훔

옴 아모카 바이로차나 마하무드라 마니파드마
스바라 프라바를타야 훔 옴 아모카 바이로차나
마하무드라 마니파드마 스바라 프라바를타야 훔
옴 아모카 바이로차나 마하무드라 마니파드마
스바라 프라바를타야 훔 옴 아모카 바이로차나
마하무드라 마니파드마 스바라 프라바를타야 훔
옴 아모카 바이로차나 마하무드라 마니파드마
스바라 프라바를타야 훔 옴 아모카 바이로차나
마하무드라 마니파드마 스바라 프라바를타야 훔
옴 아모카 바이로차나 마하무드라 마니파드마
스바라 프라바를타야 훔 옴 아모카 바이로차나
마하무드라 마니파드마 스바라 프라바를타야 훔
옴 아모카 바이로차나 마하무드라 마니파드마
스바라 프라바를타야 훔 옴 아모카 바이로차나
마하무드라 마니파드마 스바라 프라바를타야 훔
옴 아모카 바이로차나 마하무드라 마니파드마
스바라 프라바를타야 훔 옴 아모카 바이로차나
마하무드라 마니파드마 스바라 프라바를타야 훔
옴 아모카 바이로차나 마하무드라 마니파드마
스바라 프라바를타야 훔

옴 아모카 바이로차나 마하무드라 마니파드마
스바라 프라바를타야 훔   옴 아모카 바이로차나
마하무드라 마니파드마 스바라 프라바를타야 훔
옴 아모카 바이로차나 마하무드라 마니파드마
스바라 프라바를타야 훔   옴 아모카 바이로차나
마하무드라 마니파드마 스바라 프라바를타야 훔
옴 아모카 바이로차나 마하무드라 마니파드마
스바라 프라바를타야 훔   옴 아모카 바이로차나
마하무드라 마니파드마 스바라 프라바를타야 훔
옴 아모카 바이로차나 마하무드라 마니파드마
스바라 프라바를타야 훔   옴 아모카 바이로차나
마하무드라 마니파드마 스바라 프라바를타야 훔
옴 아모카 바이로차나 마하무드라 마니파드마
스바라 프라바를타야 훔   옴 아모카 바이로차나
마하무드라 마니파드마 스바라 프라바를타야 훔
옴 아모카 바이로차나 마하무드라 마니파드마
스바라 프라바를타야 훔   옴 아모카 바이로차나
마하무드라 마니파드마 스바라 프라바를타야 훔
옴 아모카 바이로차나 마하무드라 마니파드마
스바라 프라바를타야 훔

옴 아모카 바이로차나 마하무드라 마니파드마
스바라 프라바를타야 훔 옴 아모카 바이로차나
마하무드라 마니파드마 스바라 프라바를타야 훔
옴 아모카 바이로차나 마하무드라 마니파드마
스바라 프라바를타야 훔 옴 아모카 바이로차나
마하무드라 마니파드마 스바라 프라바를타야 훔
옴 아모카 바이로차나 마하무드라 마니파드마
스바라 프라바를타야 훔 옴 아모카 바이로차나
마하무드라 마니파드마 스바라 프라바를타야 훔
옴 아모카 바이로차나 마하무드라 마니파드마
스바라 프라바를타야 훔 옴 아모카 바이로차나
마하무드라 마니파드마 스바라 프라바를타야 훔
옴 아모카 바이로차나 마하무드라 마니파드마
스바라 프라바를타야 훔 옴 아모카 바이로차나
마하무드라 마니파드마 스바라 프라바를타야 훔
옴 아모카 바이로차나 마하무드라 마니파드마
스바라 프라바를타야 훔 옴 아모카 바이로차나
마하무드라 마니파드마 스바라 프라바를타야 훔
옴 아모카 바이로차나 마하무드라 마니파드마
스바라 프라바를타야 훔

옴 아모카 바이로차나 마하무드라 마니파드마
스바라 프라바를타야 훔 옴 아모카 바이로차나
마하무드라 마니파드마 스바라 프라바를타야 훔
옴 아모카 바이로차나 마하무드라 마니파드마
스바라 프라바를타야 훔 옴 아모카 바이로차나
마하무드라 마니파드마 스바라 프라바를타야 훔
옴 아모카 바이로차나 마하무드라 마니파드마
스바라 프라바를타야 훔 옴 아모카 바이로차나
마하무드라 마니파드마 스바라 프라바를타야 훔
옴 아모카 바이로차나 마하무드라 마니파드마
스바라 프라바를타야 훔 옴 아모카 바이로차나
마하무드라 마니파드마 스바라 프라바를타야 훔
옴 아모카 바이로차나 마하무드라 마니파드마
스바라 프라바를타야 훔 옴 아모카 바이로차나
마하무드라 마니파드마 스바라 프라바를타야 훔
옴 아모카 바이로차나 마하무드라 마니파드마
스바라 프라바를타야 훔 옴 아모카 바이로차나
마하무드라 마니파드마 스바라 프라바를타야 훔
옴 아모카 바이로차나 마하무드라 마니파드마
스바라 프라바를타야 훔 옴 아모카 바이로차나
마하무드라 마니파드마 스바라 프라바를타야 훔
옴 아모카 바이로차나 마하무드라 마니파드마
스바라 프라바를타야 훔

옴 아모카 바이로차나 마하무드라 마니파드마
스바라 프라바를타야 훔 옴 아모카 바이로차나
마하무드라 마니파드마 스바라 프라바를타야 훔
옴 아모카 바이로차나 마하무드라 마니파드마
스바라 프라바를타야 훔 옴 아모카 바이로차나
마하무드라 마니파드마 스바라 프라바를타야 훔
옴 아모카 바이로차나 마하무드라 마니파드마
스바라 프라바를타야 훔 옴 아모카 바이로차나
마하무드라 마니파드마 스바라 프라바를타야 훔
옴 아모카 바이로차나 마하무드라 마니파드마
스바라 프라바를타야 훔 옴 아모카 바이로차나
마하무드라 마니파드마 스바라 프라바를타야 훔
옴 아모카 바이로차나 마하무드라 마니파드마
스바라 프라바를타야 훔 옴 아모카 바이로차나
마하무드라 마니파드마 스바라 프라바를타야 훔
옴 아모카 바이로차나 마하무드라 마니파드마
스바라 프라바를타야 훔 옴 아모카 바이로차나
마하무드라 마니파드마 스바라 프라바를타야 훔
옴 아모카 바이로차나 마하무드라 마니파드마
스바라 프라바를타야 훔 옴 아모카 바이로차나
마하무드라 마니파드마 스바라 프라바를타야 훔
옴 아모카 바이로차나 마하무드라 마니파드마
스바라 프라바를타야 훔

회 향 문

나무불 나무법 나무승 시방법계에 두루하신 부처님이여!
저에게 이렇듯 큰 가피 내리시어 "광명진언 쓰기" 수행기도를
마치게 하시니 너무너무 감사할 따름입니다.
거듭청하옵나니 더욱 착한 불자로 이끌어 주시고 귀의하옵는
저의 마음에 자비의 광명으로 임하사 공덕의 등불되게 하소서.
선망부모 조상님들 모두 극락으로 인도하옵시며 저의 가족
언제나 건강하며 하는 일이 뜻과 같이 되게 하소서.
오늘 이처럼 닦은 공부, 모든 이웃에게 두루 회향하오며 세세생생
보살도 닦기를 서원합니다.
시방에 두루하신 부처님께 귀명정례 하옵니다.
관세음보살 관세음보살 관세음보살

* 필요에 따라 자기 가족의 축원을 구체적으로 하셔도 됩니다.

기도불자 _________________________ 합장